# NOTICE HISTORIQUE

### sur

# BOULOGNE

### (BANLIEUE.)

TYPOGRAPHIE FÉLIX MALTESTE ET Cⁱᵉ,
RUE DES DEUX-PORTES-SAINT-SAUVEUR, 22.

# NOTICE HISTORIQUE

SUR

# BOULOGNE

(Banlieue.)

## JUILLET 1852.

EXTRAIT

DES PROMENADES AUX ENVIRONS DE PARIS.

Ouvrage Inédit,

### Par A. P. A. BAUME,

AVOCAT, MEMBRE CORRESPONDANT DE L'ACADÉMIE NATIONALE DES SCIENCES,
LETTRES ET ARTS DE MARSEILLE.

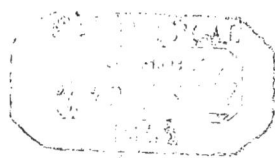

### SE VEND

AU PROFIT DU BUREAU DE BIENFAISANCE

DE BOULOGNE-SUR-SEINE.

1852

# INTRODUCTION GÉNÉRALE.

# INTRODUCTION GÉNÉRALE.

L'habitant de Paris, qui en a parcouru les environs, vient-il à s'en éloigner pour visiter quelques autres parties de la France, ou certaines contrées étrangères, renommées par la beauté de leur aspect, eh bien! après avoir goûté le plaisir qu'offre ordinairement la nouveauté, il ne peut s'empêcher de convenir qu'il n'y a rien de comparable à Paris et à ses environs, il se sent naturellement porté à les regretter, et le désir de les revoir bientôt se fait sentir chez lui avec une sorte de mélancolie.

En effet, outre les merveilles, les distractions et les avantages en tout genre que présente la Capitale de la France, de quelque côté qu'on veuille diriger ses pas autour de cette opulente cité, partout on rencontre de superbes châteaux, de jolies maisons de campagne, de magnifiques promenades, des bois touffus, des jardins, des champs cultivés avec soin et avec une rare intelligence. A quoi il faut ajouter des points de vue nombreux et ravissans. Puis la Seine, l'Oise et la Marne se montrent aux yeux du promeneur, et semblent prendre plaisir, dans leurs majestueux contours, à répandre la fraîcheur et la fertilité sur leurs riantes rives; puis arrivent les faits historiques qui se rattachent à presque toutes les localités, et dont l'importance forme comme le type de l'histoire générale de notre patrie; puis enfin les productions variées de la nature et la constitution géologique du sol : tout cela ne peut qu'intéresser vivement les personnes qui voudront nous suivre dans nos diverses excursions.

Ce que nous avançons dans cette courte et

simple introduction est tellement vrai, que les étrangers, dès qu'ils en ont la possibilité, s'empressent d'accourir de toutes les parties du globe où la civilisation a pénétré, pour connaître Paris et admirer ses environs : il en est même qui ne veulent plus abandonner ce séjour fascinateur, quand ils l'ont une fois connu.

Lorsque les circonstances et le bon sens public permettront quelque stabilité au gouvernement de notre belle France, à l'aide des moyens de prompte communication qui existent déjà, et qui tendent chaque jour à s'accroître davantage, la ville de Paris deviendra, en quelque façon, la capitale de l'Europe; et malgré les efforts persévérans de la politique absorbante de l'Angleterre, Paris, par plusieurs excellentes raisons, l'emportera toujours sur Londres.

Commençons donc, sans plus tarder, nos promenades, et allons d'abord à Boulogne-sur-Seine : des souvenirs d'enfance nous invitent à ouvrir, de préférence, nos pérégrinations par cette nouvelle ville.

# BOULOGNE-SUR-SEINE.

# BOULOGNE-SUR-SEINE.

Beaucoup de personnes traversent journellement la ville de Boulogne, située non loin des bords de la Seine, pour se rendre à Saint-Cloud ou ailleurs ; mais très peu connaissent l'origine de cette ville qui compte aujourd'hui plus de population que le chef-lieu de certains départemens.

Vue des hauteurs qui dominent la rive gauche de la Seine, la ville de Boulogne paraît, dans la magnifique plaine que le spectateur a devant lui, comme un amas de maisons de campagne qui seraient séparées par des jardins verdoyans : l'aspect général en est gai et gracieux.

Avec le clocher qui la surmonte, l'église s'élève d'une manière remarquable au-dessus des habitations environnantes ; elle est petite si on considère la population actuelle de la ville; mais elle est propre et bien tenue. Elle semble, par son architecture, appartenir à la fin du moyen-âge, et n'offre dans son intérieur rien de digne d'une attention particulière, si ce n'est derrière le maître-Autel à la romaine, où l'on voit en relief, une mer agitée, et une chaloupe portant la vierge Marie, protectrice des humains, qui tient dans ses bras le Sauveur du monde, auquel deux anges à genoux rendent hommage.

Nous ne voulons point nous prononcer sur le bon ou mauvais goût des personnes qui, il y a quelques années seulement, ont imaginé ce relief; mais cette mer orageuse, cette barque, cette image de la Vierge, indiquent déjà sous quelle impression ce temple a été construit, et pourquoi il a été placé sous l'invocation de Notre-Dame-de-Boulogne-sur-Mer.

Près du porche de l'entrée latérale, on voit une grande table de marbre noir appliquée contre le mur, à côté du bénitier. Peu de gens prennent garde à cette table; elle renferme cependant de curieux documens sur l'origine de l'église, et par suite sur l'origine du nom de Boulogne que porte la ville. Durant le règne de la terreur, cette table fut enlevée et perdue, comme tant d'autres monumens, puis retrouvée et placée à l'endroit où elle est maintenant, lorsque les églises furent de nouveau ouvertes à la piété des fidèles.

Voici cette inscription que nous croyons devoir rapporter textuellement et en entier, comme élément historique :

« L'an 1319, cette église fut bâtie sous l'invocation de Notre-Dame-de-Boulogne. Philippe V dit le Long, roi de France et de Navarre, en posa la première pierre, à la Purification ; madame Jeanne de Repentie, abbesse du monastère de Notre-Dame-de-Montmartre et toute la communauté y donnèrent leur consentement.

» L'an 1320 la forêt de *Rouvret* et le lieu appelé *Menus* changèrent de nom et s'appelèrent le bois de Notre-Dame-de-Boulogne. Une confrérie fut établie par le roi Philippe-le-Long ; nos saints pères les Papes y ont accordé de grandes indulgences, surtout Jean XII, par sa bulle de 1329 : les jours destinés pour les gagner sont l'Immaculée Conception, la Purification et l'Annonciation. Fulco, célèbre évêque de Paris, l'an 1325, rapporte plusieurs miracles que la Sainte-Vierge a opérés dans cette église ; elle porte le nom de Notre-Dame-de-Boulogne, parcequ'elle est fille de Notre-Dame-de-Boulogne-sur-Mer. Les habitans et bourgeois de Paris furent chercher, par ordre du roi, l'image miraculeuse de Notre-Dame-de-Boulogne, dans laquelle il y a encore un morceau de l'ancienne image de Notre-Dame-de-Boulogne-sur-Mer. Cette relique est sous la protection du roi, comme celle du

» trésor de la Sainte-Chapelle. Elle ne peut sortir de
» l'église que par arrêt de la chambre des Comptes,
» comme appartenant originairement au roi, qui a
» permis qu'on la portât une fois par an, sous un dais,
» pieds nus, avec flambeaux et encens, à l'abbaye de
» l'Humilité-de-la-Sainte-Vierge, bâtie par sainte Élisabeth, et dite Notre-Dame-de-Longchamps. Nicolas
» Myette, l'un des fondateurs de cette église est enterré
» dans cette basilique, dans la chapelle de l'Assomption.
» Les confrères sont participans de tous les mérites et
» bonnes œuvres de l'ordre des Citeaux. La confrérie
» de Boulogne a reçu un accroissement considérable
» par les soins de M. Claude Duval, docteur en Sorbonne,
» curé de cette église, et en cette qualité prieur perpétuel de ladite confrérie, pasteur zélé qui a fait de
» grands biens à la fabrique et singulièrement attaché
» au culte de la mère de Dieu.

» Les titres qui regardent la confrérie royale de cette
» église sont en dépôt en la Chambre des Comptes de
» Paris, et dans les archives de Notre-Dame-de-Boulogne-sur-Mer.

» Cette pierre a été posée en la fête de la Nativité,
» qui est la fête titulaire de ce temple, l'an 6 du
» pontificat du très saint père Benoît XIV, et l'an 31 du
» règne de Louis XV, le conquérant, le victorieux, le
» bien-aimé ; Marie Leczinska, princesse de Pologne,

« reine de France; M. Charles Henoc, curé et prieur
« de l'église royale et paroissiale, et directeur de la
» confrérie de Notre-Dame de Boulogne. »

Les autres documens que nous avons pu recueillir, d'ailleurs, tout en apportant de nouvelles lumières sur l'origine de Boulogne et de son église, confirment pleinement ce qui est rapporté dans l'inscription qu'on vient de lire.

Il résulte de certaines dispositions des lettres de Philippe-le-Bel, de l'an 1293, qu'il n'existait entre Paris et Saint-Cloud qu'un seul village, sans doute Auteuil. Ce village était suivi d'une forêt qui portait le nom de *Rouvret*, du latin *Roveritum*. Par la suite, elle se nomma forêt de Saint-Cloud, et alors elle s'étendait davantage vers le nord et le nord-est, occupant l'emplacement qui s'appelle encore de nos jours la plaine des Sablons, vers l'Arc-de-Triomphe de la barrière de l'Étoile, route de Neuilly.

La forêt de Rouvret fut peu à peu détruite du côté de Saint-Cloud : là, quelques misérables chaumières furent d'abord construites, et cette agglomération forma un hameau qui prit le nom de *Menus-lez-Saint-Cloud*; il dépendait alors de la paroisse d'Auteuil. Remarquons ici qu'il existe encore à Boulogne, non loin de l'église, une rue qu'on nomme rue du *Menus*.

Dans les lettres de Philippe-le-Long du mois de

février 1319, on lit que le seigneur roi donna aux habitans de Paris et autres qui avaient fait le pélerinage de Notre-Dame de Boulogne-sur-Mer la permission de construire une église au village de *Menus-lez-Saint-Cloud*, et d'y entretenir une confrérie d'hommes. Cette confrérie n'existe plus ; elle s'est éteinte avec l'esprit de religion; mais il existe encore une confrérie de demoiselles. C'est à cette occasion que deux notables pélerins dont les noms sont venus jusqu'à nous, Girard et Jean de la Croix, offrirent environ cinq arpens de terre pour y bâtir cette église. On fut dix ans à la construire. On lui donna d'abord le nom de Notre-Dame de Boulogne-sur-Mer, par les raisons signalées dans l'inscription rapportées plus haut, puis le nom de Notre-Dame-de-*Menus*. Elle ne fut érigée en paroisse qu'en 1348, par Foulques de Chenac, évêque de Paris, et dès cette époque, le hameau de *Menus-lez-Saint-Cloud* fut détaché du village d'Auteuil et forma une paroisse particulière.

Bientôt le nom de *Notre-Dame-de-Boulogne* l'emporta sur celui de Notre-Dame-*du-Menus*, et après avoir dit pendant longtemps Boulogne-*la-Petite*, sans doute pour distinguer ce village de Boulogne-sur-Mer, on finit par dire tout simplement Boulogne. Aujourd'hui que les relations entre tous les points de la France sont devenues plus fréquentes et infiniment plus faciles, pour éviter toute confusion, on dit *Boulogne-sur-Seine*.

Vers l'an 1417, le bois de Rouvret, qu'on avait ensuite nommé le bois de Saint-Cloud, perdit ce dernier nom et fut appelé bois de Boulogne, et depuis il a toujours conservé ce nom.

Le journal de Charles VII, de l'année 1429, vient s'ajouter à ce qui précède; on y lit qu'un célèbre cordelier, qu'on ne nomme pas, prêcha dans *Boulogne-la-Petite* en revenant de la Terre-Sainte, et qu'il y fit une telle sensation qu'on accourut en foule de Paris pour l'entendre, et qu'un de ses sermons produisit un si grand effet sur son auditoire, que les Parisiens en rentrant chez eux allumèrent plus de deux cents feux dans les rues, et y brûlèrent tables à jeux, cartes, billards, billes et boules; que les femmes mêmes, et c'est fait pour surprendre, y jetèrent tous leurs ornemens et parures, tant avait été puissant le dégoût que le bon cordelier était parvenu à inspirer à ces dames pour les vanités du monde! Ainsi, sous Charles VII, Boulogne se nommait encore *Boulogne-la-Petite*.

Voilà tout ce qu'il nous a été possible d découvrir d'essentiel concernant l'origine de Boulogne et de son église.

L'abbaye de Longchamps, dont il est parlé dans l'inscription transcrite, et dont l'emplacement est situé sur le territoire de Boulogne, n'existe plus; elle n'a pu résister à la tourmente révolutionnaire : une grange qui paraît avoir été autrefois l'église du monastère, quelques pans de fortes murailles, un moulin à vent en maçonnerie, veuf de ses ailes, c'est tout ce qu'il en reste aujourd'hui ; le tout est entouré de quelques petites maisons de plaisance plus coquettes que solides.

Avant la révolution de 1789, tous les ans, les mercredi, jeudi et vendredi de la Semaine-Sainte, la cour et les personnages les plus distingués se rendaient à l'église de cette abbaye. La foule y était attirée par les chants harmonieux, plaintifs et touchans que les religieuses faisaient entendre à Ténèbres, pendant ces trois jours consacrés par la religion à la douleur. Dans le principe, la piété et l'esprit de pénitence y conduisaient quelques personnes; puis les chants remarquables des Filles de l'Humilité de la Vierge y amenèrent des curieux, puis la mode s'en mêla, et on vint à Longchamps comme on va aux Champs-Élysées ou à l'Opéra. Cette coutume d'aller à Longchamps s'est perpétuée jusqu'à nous; seulement les pélerins et les pélerines restent à mi-route, et beaucoup ignorent où se trouve réellement Longchamps et pourquoi on va à Longchamps : tout ce qu'ils savent, c'est qu'on va souvent à grand frais, toujours en grande toilette, pour voir et plus encore pour se faire voir. Ainsi tout dégénère.

Aujourd'hui Boulogne n'est plus un assemblage de quelques cabanes ou chaumières, c'est une ville qui couvre une vaste étendue de terrain et qui compte plus de 8,000 âmes, sans y comprendre la population flottante, qui est assez considérable.

Plusieurs familles recommandables et anciennes y ont depuis longtemps leur maison de campagne.

Le comte Réal, ministre de l'Empire, a habité un château qu'on y voit et qui fixe l'attention des voyageurs, par une longue avenue ombragée qu'on a à sa droite en sortant du bois, pour entrer dans la Grande-Rue de la ville. Ce château est maintenant la propriété de M. le baron de Rothschild; mais ce riche banquier ne l'habite plus depuis la fatale révolution de 1848. Les actes de vandalisme auxquels une troupe d'individus poussés par le génie du mal se sont livrés à Suresnes, dans une autre habitation de la famille, ont été peut-être la cause de cet abandon fâcheux pour Boulogne et surtout pour les malheureux. Cependant, afin d'être juste, nous ferons observer en passant, que les habitans de la ville ont été tout à fait étrangers à ces déplorables faits, et qu'ils ont au contraire pris les armes au nombre de plus de cinq cents, pour défendre la belle propriété de M. de Rothschild contre la horde de dévastateurs qui, de Suresnes, s'étaient rendus à Boulogne avec de sinistres intentions, et rien n'a été endommagé. Nous formons des vœux sincères afin que M. le baron vienne de nouveau habiter son château, et nous savons que ces vœux sont partagés et par l'autorité municipale et par tous les habitans de Boulogne.

Ceci nous remet en mémoire une pièce de vers faits en l'honneur de M. de Rotschild, à l'occasion de l'inauguration du bel hospice de la barrière de Reuilly, et dont il a été le principal fondateur. Voici ces vers; ils sont dus à la plume de M. Léon Rolland, rédacteur en chef du journal *la Presse de la Banlieue* :

Honneur à toi, Rothschild, dont la munificence
Vient d'ouvrir un asile à ces infortunés,
Qui béniront ta main, seconde Providence
    Des malheureux abandonnés.

—◦◊◊◦—

Oui, ton cœur a compris la mission sacrée
Que Dieu donne à celui qu'il fait riche et puissant ;
Vois ces pauvres enfants, cette mère éplorée,
    Ils s'en vont tous te bénissant.

—◦◊◊◦—

Ils iront d'âge en âge honorant ta mémoire,
Aux siècles à venir raconter tes vertus,
Et ta noble action aux pages de l'histoire,
    Ajoute une page de plus.

Le Dieu qui, t'inspirant, te rendit son apôtre,
Sur ses enfans sans cesse épanche sa bonté,
Ce Dieu, nous l'adorons, il est aussi le nôtre,
  Car ce Dieu, c'est la charité!

―o✧o―

L'asile du malheur que tu viens de construire,
A ta couronne ajoute un précieux fleuron.
Dans sa marche le temps peut un jour le détruire,
  Il ne pourra rien sur ton nom.

―o✧o―

A-t-il jamais détruit la véritable gloire?
Et l'univers entier ne dit-il pas en chœur,
Tous les noms vénérés de ceux dont la mémoire
  Reste à jamais au fond du cœur.

―o✧o―

Si les heureux du monde imitaient ton exemple,
Si dans les cœurs vibrait le sentiment humain,
La discorde fuirait; au fronton de son temple
  On lirait: *Amour du prochain.*

Que sur ton noble cœur et ta noble famille,
Le Dieu de charité répande ses bienfaits ;
Que ton nom soit béni, qu'à tout jamais il brille
    Parmi les heureux que tu fais !

—⚬✥⚬—

Que tes jours soient nombreux, que partout ta présence,
Inspire le respect au cœur reconnaissant,
Et que l'amour de tous soit une récompense
    Pour ton cœur pur et bienfaisant.

—⚬✥⚬—

Heureux qui tend la main à l'indigent qui pleure,
Et qui peut comme toi se dire avec fierté,
J'ai fait la part du pauvre en fondant la demeure
    De la souffrante humanité.

—⚬✥⚬—

Chacun aime à louer ton âme généreuse :
Notre cité le sait, lorsque tu vois souffrir,
Tu ne connais jamais, dans la main malheureuse,
    Qu'une main qu'il faut secourir.

Honneur à toi, Rothschild, et que cette médaille,
Offerte à ton grand cœur au nom des malheureux,
Soit ta gloire éternelle : il n'est rien qui la vaille
    Dans les titres de tes aïeux !

---

Par les soins et l'activité infatigable de M. Ollive, maire actuel, Boulogne possède un bel hôtel-de-ville, un marché régulier pour les comestibles et les denrées, des égouts et des arrosages journaliers pendant les chaleurs de l'été. Enfin, il est question de faire un port sur la Seine et d'élargir dans les endroits trop étroits la Grande-Rue, qui vient d'être tout récemment macadamisée dans son entier. Bientôt il ne manquera plus à la ville qu'un hospice pour les pauvres malades, qu'on est obligé actuellement de transporter à Paris. Si le projet de construire un port peut-être mis à exécution, la ville pourra s'étendre de ce côté et donner naissance à un superbe quai qui aura devant lui le superbe et romantique tableau que présentent les hauteurs du Mont-Valérien, de Saint-Cloud et de Meudon.

La principale industrie de cette cité est le blanchissage du linge; les blanchisseurs y sont en effet très nombreux : il y a peu de culture, quelques vignes, un peu de fourrages et de grains.

Parmi les établissemens industriels qu'on rencontre à Boulogne, le plus remarquable est la fabrique des *aérofuges*, propres à faire soi-même l'eau-de seltz ; cette fabrique est très prospère, grâce à l'ingénieuse invention de ces curieux et utiles vases.

On trouve, à Boulogne, une école communale des deux sexes, une salle d'asile, plusieurs institutions de jeunes personnes, et une seule institution de jeunes gens qui est fondée depuis plus de quarante ans ; nous pouvons assurer qu'elle mérite sous plus d'un rapport, une attention particulière de la part des familles.

Cet établissement situé à la porte du bois, consiste dans un fort beau bâtiment de construction moderne ; il possède de beaux dortoirs, de vastes salles d'étude, et un préau parfaitement établi pour abriter les élèves pendant la pluie et durant les chaleurs de l'été. Il possède en outre un calorifère qui chauffe toutes les pièces de la maison, et l'eau de Seine coule par des robinets à tous les étages. Ajoutons à ces avantages, qu'on respire à Boulogne l'air le plus pur, et qu'on est entouré de charmantes promenades.

L'enseignement que reçoivent les élèves est basé sur les besoins de notre époque, c'est-à-dire qu'il existe un double enseignement : l'enseignement professionnel, destiné aux jeunes gens appelés à suivre la carrière du commerce, de l'industrie, de l'agriculture et des arts ; et l'enseignement classique, spécialement destiné aux jeunes garçons qui doivent un jour aller achever leurs études dans un collége.

Nous ne pouvons nous empêcher d'ajouter, avant de terminer cette notice, que Boulogne-sur-Seine nous rappelle quelques souvenirs historiques qui datent d'une époque mémorable, et que nous ne croyons pas devoir passer sous silence.

Nous voulons parler des grands événemens de 1814 et 1815. Nous étions, nous qui écrivons ces lignes, bien jeune alors; mais de tels événemens laissent dans l'esprit, même de la tendre jeunesse, des souvenirs ineffaçables.

Nous nous souvenons parfaitement que le 30 mars 1814, Paris étant attaqué du côté du nord et de l'est par les armées alliées, vers le soir de ce jour, les tirailleurs ennemis ayant atteint le pont de Neuilly, se répandirent dans la plaine qui se trouve resserrée entre la Seine et le mur d'enceinte du bois et se dirigèrent par Longchamps, sur Boulogne. A l'approche de ces guerriers ennemis, les habitans effrayés se mirent à fuir en masse; le pont de Saint-Cloud était encombré de fuyards, emportant à la hâte, sous leurs bras, les uns du pain seulement, et les autres quelques effets: c'était un sauve-qui-peut général; et les habitans de Saint-Cloud, mus par les mêmes craintes, ne tardèrent pas à imiter les habitans de Boulogne. N'en soyons cependant pas surpris; il y avait si longtemps que le sol de la patrie, si près de Paris, n'avait été foulé aux pieds par des soldats étrangers !

En 1815, le 1ᵉʳ et le 2 juillet, par un soleil ardent, Paris fut de nouveau attaqué par les étrangers coalisés, c'est-à-dire par l'Europe entière ; car ce n'est pas trop de toute l'Europe pour vaincre, et encore à la longue, notre belle et puissante France. Cette fois l'attaque eut lieu d'un autre côté de Paris : Saint-Cloud, Sèvres, Meudon et Issy furent le dernier champ de bataille. La rive droite de la Seine, à Boulogne, était occupée par les Français qui avaient fait sauter le pont de Saint-Cloud; la rive opposée était occupée par les Prussiens. Nous nous rappelons fort bien avoir vu pendant cette bataille, bon nombre d'habitans de Boulogne, animés de l'amour de la patrie, mêlés aux tirailleurs de l'armée française, dispersés dans les blés qui, alors, dans cet endroit bordaient la Seine, et faire bravement feu sur les Prussiens.

Nous nous souvenons également avoir vu à la suite de ces derniers et douloureux événemens, trente mille Anglais, restes de Waterloo, campés dans le bois de Boulogne qui fut alors presque entièrement détruit par eux; dans ce bois qui l'année d'auparavant avait alimenté les feux de bivouac de ces hommes à demi barbares, venus des confins de l'Europe, des bords du Don, et qu'on connaît sous la dénomination de Cosaques.

« La ville de Boulogne est assise sur un sol d'attérissement composé de cailloux de silex roulés; parmi ces sables et ces cailloux on trouve des bois pétrifiés, des ossemens d'éléphans et d'autres animaux, avec un assez grand nombre de coquilles marines, surtout des cérites, toutes plus ou moins endommagées. Ces coquilles ont sûrement été entraînées par les vastes courans d'eau douce qui ont formé jadis ces dépots, après avoir passé sur quelque ancien sol marin. »

Le bois de Boulogne est riche en plantes, en insectes, et en mollusques à coquilles, de sorte que le naturaliste peut y faire une abondante moisson en productions de la nature.

Une loi spéciale vient tout récemment de concéder la jouissance du bois de Boulogne à la ville de Paris, qui se propose d'y faire de nombreux embellissemens : ce bois avait déjà le privilége d'être fréquenté par le monde élégant de la capitale; il est présumable que les nouveaux embellissemens qu'on songe à y introduire ne feront qu'augmenter le nombre des élégantes et des élégans promeneurs.

D'un point élevé de la ville de Boulogne on jouit d'un magnifique coup d'œil. On aperçoit d'un côté la Seine pentant paisiblement au pied des coteaux ombragés et parsemés de maisons de campagne d'Issy, de Meudon, de Sèvres, de Saint-Cloud et du Mont-Valérien qui paraît commander tout le paysage ; d'un autre côté, le bois se présente à la vue comme une vaste prairie, à l'extrémité de laquelle se développe l'immense Paris avec ses nombreux monumens, et au-delà de Paris un horizon sans borne : c'est un des plus beaux panoramas qu'on puisse voir.

Mais l'habitant ordinaire de Boulogne, occupé de ses travaux habituels, semble trop souvent ne pas apprécier l'admirable tableau qu'il a constamment sous les yeux.

www.ingramcontent.com/pod-product-compliance
Lightning Source LLC
Chambersburg PA
CBHW060617050426
42451CB00012B/2301